Margot
l'escargot
Barnabé
le scarabée
Huguette
la guêpe
Mireille
l'abeille
César
le lézard
Luce
la puce
Léonard
le têtard
Merlin
le merle
Oscar
le cafard
Lorette
la pâquerette
Luna
la petite ourse
Camille
la chenille
Solange
la mésange
Cyprien
le chien
Adrien
le lapin
Loulou
le pou
Prosper
le hamster
Grace
la limace
Ursule
la libelulle
Gabriel le
lutin de Noël
Benjamin
e Père Noël
du jardin
Georges le
rouge-gorge
Lulu
la tortue
théo
le mulot

Gallimard Jeunesse/Giboulées
Sous la direction de Colline Faure-Poirée
et Hélène Quinquin
Direction artistique : Syndo Tidori
Édition : Patricia Guédot

ISBN : 978-2-07-507524-4
Dépôt légal : octobre 2016
Numéro d'édition : 306673
Loi n° 49956 du 16 juillet 1949
sur les publications destinées à la jeunesse
Imprimé en France par Pollina - L77781

Les drôles de petites bêtes

Nora petit rat de l'Opéra

Antoon Krings

Gallimard Jeunesse Giboulées

Nora, petit rat de l'Opéra, trottine à petits pas de souris sur l'avenue de l'Opéra. Arabesques, pirouettes et entrechats, tutu rose et chaussons de vair, elle rêve de Cendrillon, de Blanche-Neige et… du prince charmant qui la soulèvera dans les airs sous les applaudissements de ses parents. Bravo, bravissimo ! Seule devant les vitrines des grands magasins, Nora invente des saluts, des révérences, puis reprend ses petits pas de danse.

Mais soudain… patatras ! La voilà qui trébuche sur une plaque d'égout et qui bascule dans le vide comme dans un puits. Tomber dans les égouts et atterrir chez les… Rabouille, c'est vraiment, vraiment jouer de malchance !

– Regarde ce que je viens de repêcher, dit le père Rabouille à sa femme. Toi qui as toujours rêvé d'avoir une petite à la maison !

– Comme elle est mignonne ! dit la mère en attrapant Nora par la queue. Une vraie poupée !

– Ouais, et t'as vu ça : elle n'est même pas cassée. Pas un pète, rien !

– Allons, ma jolie, laisse-toi faire. Maman veut juste te faire un p'tit bécot.
– Lâchez-moi ! Vous me faites mal ! Et puis vous n'êtes pas ma mère !
– Oh elle manque pas d'air, celle-là. On lui sauve la vie et voilà comment elle vous remercie !
– Quelle ingrate ! dit le père Rabouille. Elle mériterait que je l'enferme avec le rabougri.
– Je vous en supplie, gémit Nora, laissez-moi partir.
– Quoi ! Tu veux déjà nous quitter ! Ah ça non, pas question ! Allez zou : au clapier avec la petite crasse !

La petite crasse, c'est Raoul, le rejeton des Rabouille. Il est enfermé dans sa chambre parce qu'il est puni. Injustement puni comme toujours. Pour une bêtise qu'il n'a pas fait exprès de faire.

– Alors, toi aussi tu es punie ? dit-il à Nora.

Nora ne lui répond pas. Elle se cache dans son tutu pour ne pas montrer qu'elle pleure.

– Je sais, dit Raoul, ma chambre sent le clapier. Mais tu verras, c'est un petit nid bien douillet.

Nora commence à l'observer du coin de l'œil.

– Regarde, lui dit-il en sortant de sa poche un harmonica. C'est moi qui l'ai trouvé.

– Et… tu… sais en jouer ? demande enfin Nora.
– Bien sûr ! Écoute !
– C'est quoi, cet air ?
– C'est l'air des petits égoutiers.
– J'aime bien, dit Nora. Et toi aussi, je t'aime bien parce que tu as l'air gentil.
– T'es bien la seule à me le dire, soupire Raoul.
– Tu pleures ?
– Mais non ! C'est rien, dit Raoul en reniflant. Demain, ça ira mieux. Allez, bonne nuit.
– Bonne nuit, gentil rabougri.

Au petit matin, la porte du clapier s'ouvre brusquement.

– Debout là-dedans ! C'est l'heure de patouiller ! Et écoute-moi bien, fainéant : aujourd'hui, tu vas emmener la petite peste avec toi.

– Mais maman, Nora va salir sa jolie robe !

– Oh comme c'est touchant ! La princesse va salir sa jolie robe ! File et surtout ne la quitte pas des yeux, sinon gare !

– C'est quoi : patouiller ? demande Nora, une fois seule avec Raoul.

– C'est faire les égouts, un peu comme on fait les poubelles. Tiens, suis-moi, je vais te montrer. Et ne t'éloigne pas, sinon gare !

– Gare à quoi ?
– Au crocodile ! dit Raoul en riant.
– Arrête de me faire peur et dis-moi si tu as déjà pensé à te sauver d'ici.
– Des fois oui, mais c'est compliqué. Je ne suis jamais allé là-haut, et puis où veux-tu que j'aille ?
– Chez moi ! s'écrie Nora. Papa et maman seraient ravis de t'accueillir.
– Mes parents ne me laisseront jamais partir, tu sais bien.
– Viens avec moi. Ils n'en sauront rien.
Raoul se laisse finalement convaincre :
– Bon d'accord. Allons-y. Par ici la sortie !
Un passage étroit, quelques prises le long d'une paroi et les voilà enfin à l'air libre.

Chez Nora, le moral est au plus bas. Sa mère pleure à chaudes larmes. Son père reste silencieux, sombre. Ils ont cherché leur fille toute la nuit et maintenant ils craignent qu'elle ne se soit perdue. Mais soudain la porte s'ouvre : « Nora ! Nora ! » s'écrient ses parents.

La maison est en liesse. La petite souris raconte tout : sa chute, les égouts, les Rabouille et comment Raoul l'a aidée à s'en sortir. Ses parents embrassent le petit rat, étreignent Nora et leur servent un bon repas.
– Si tu veux, disent-ils à Raoul, tu peux rester chez nous.
– Alors c'est bien vrai ! Ça veut dire que je ne retournerai jamais dans les égouts ?
– Non, plus jamais. Sauf si tu le désires bien sûr…
– Oh je suis tellement content !
– Comme ça, lui chuchote Nora à l'oreille, nous aurons du temps pour préparer notre spectacle.

Les jours passent jusqu'au grand soir.
– Tu as vu ? dit Nora en entrebâillant le rideau de scène. La salle est pleine à craquer !
– Et là au premier rang j'aperçois tes parents. Coucou ! Coucou !
– Arrête tes bêtises, Raoul, et cours vite te cacher.
Enfin le rideau se lève. Hop hop hop ! Les petits rats entrent en scène. En ligne, en cadence ! Que le ballet commence !

Mais à peine ont-ils fait quelques pas qu'un terrible crocodile surgit soudain des coulisses. Aussitôt c'est la panique, la débandade !
Et tous les petits rats de grimper aux rideaux, de se disperser dans la salle en poussant des cris de souris. Tous sauf Nora, seule face au terrible crocodile, qui n'est autre que…

... Raoul !
– Oh oh oh oh ! s'exclament les spectateurs. Mais c'est le petit rat, celui qui joue de l'harmonica !
Et sur l'air entraînant des petits égoutiers, Nora et Raoul se mettent alors à danser, danser, puis à tournoyer, tournoyer si vite qu'ils ne font bientôt plus qu'un. Hourra ! Hip hip hip hourra... de l'Opéra !

Marie la fourmi
Louis le papillon de nuit
Frédéric le moustique
Antonin le poussin
Juliette la rainette
Odilon le grillon
Pascale la cigale
Valérie la chauve-souris
Benjamin le lutin
Patouch la mouche
Adèle la sauterelle
Siméon le papillon
Henri le canari
Nora petit ra de l'Opéra
Noémie princesse fourmi
Gaston le caneton
Victor le castor
Pierrot le moineau
Édouard le loir
Pat le mille-pattes
Belle la coccinelle
Bob le bonhomme de neige
Blaise et thérèse les punaises
Maud la taupe